VINCENT

VAN GOGH

HAZAN

Des labours en pente, une allée très vaste ouvrant sur le ciel du soir, un chemin creux aux pins torses, un bout de jardin avec le mur de derrière d'une maison, une charrette avec des chevaux maigres sur une pâture, une bassine de cuivre et un broc de terre, quelques paysans autour d'une table, mangeant des pommes de terre — mais à quoi cela peut-il t'aider? Faut-il alors te parler des couleurs? Il y a un bleu incroyable, intense, qui revient toujours, un vert comme d'émeraude fondue, un jaune tirant sur l'orange.

Mais que sont les couleurs, tant que la vie la plus intérieure des objets ne s'y révèle pas! Et cette vie très intérieure était là, arbre et pierre et mur et chemin creux livraient le plus profond d'eux-mêmes, me les jetaient pour ainsi dire au visage (...)

L'homme s'appelle Vincent van Gogh.

Hugo von Hoffmansthal
Lettres du voyageur à son retour, 1907
Traducteur: Jean-Claude Scheinder.
© Editions Gallimard

Claude
MONET

REPERTOIRE
ADDRESS BOOK

Monet
2915003

Ploughed fields on a hillside, a vast lane leading into the night, a gully of gnarled pines, a patch of garden behind a house, scrawny horses and a cart in a pasture, a copper basin and an earthenware pitcher, several peasants eating potatoes...

But does this really help you ? Would'it be better to tell you about the colors ? There is an incredibly intense, omnipresent blue, a green that looks like melted emeralds, a yellow verging on orange... But what good are colors, unless they are used to reveal the innermost being of objects ! And this innermost being was there. Trees and stones and walls and lanes revealed their inner depth. Indeed you could say they threw it in my face (...)

The man was Vincent Van Gogh.

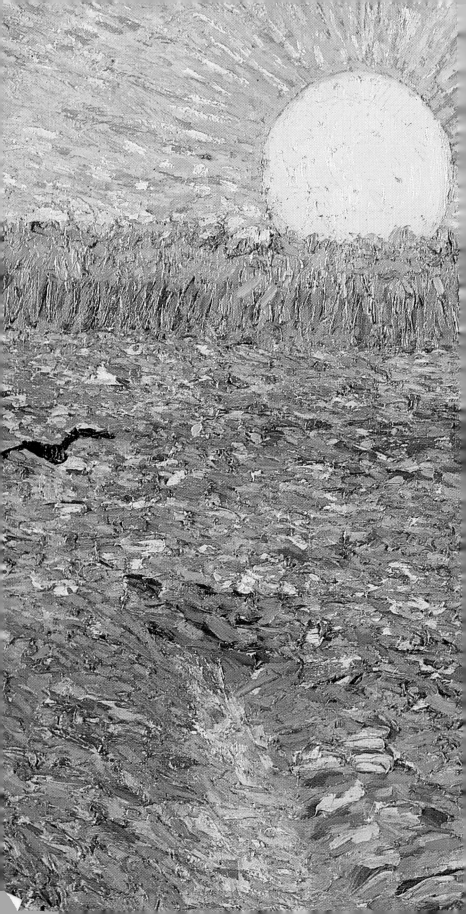

NOM • *NAME* _____

ADRESSE • *ADDRESS* _____

_____

TÉL • *PHONE* _____

FAX • _____

NOM • *NAME* _____

ADRESSE • *ADDRESS* _____

_____

TÉL • *PHONE* _____

FAX • _____

NOM • *NAME* _____

ADRESSE • *ADDRESS* _____

_____

TÉL • *PHONE* _____

FAX • _____

NOM • *NAME* _____

ADRESSE • *ADDRESS* _____

_____

TÉL • *PHONE* _____

FAX • _____

NOM • *NAME* _____

ADRESSE • *ADDRESS* _____

_____

TÉL • *PHONE* _____

FAX • _____

NOM • *NAME* _____

ADRESSE • *ADDRESS* _____

_____

TÉL • *PHONE* _____

FAX • _____

NOM • *NAME* ─────────────────────────────

ADRESSE • *ADDRESS* ─────────────────────────────

─────────────────────────────

TÉL • *PHONE* ─────────────────────────────

FAX • ─────────────────────────────

NOM • *NAME* ─────────────────────────────

ADRESSE • *ADDRESS* ─────────────────────────────

─────────────────────────────

TÉL • *PHONE* ─────────────────────────────

FAX • ─────────────────────────────

NOM • *NAME* ─────────────────────────────

ADRESSE • *ADDRESS* ─────────────────────────────

─────────────────────────────

TÉL • *PHONE* ─────────────────────────────

FAX • ─────────────────────────────

NOM • *NAME* ─────────────────────────────

ADRESSE • *ADDRESS* ─────────────────────────────

─────────────────────────────

TÉL • *PHONE* ─────────────────────────────

FAX • ─────────────────────────────

NOM • *NAME* ─────────────────────────────

ADRESSE • *ADDRESS* ─────────────────────────────

─────────────────────────────

TÉL • *PHONE* ─────────────────────────────

FAX • ─────────────────────────────

NOM • *NAME* ─────────────────────────────

ADRESSE • *ADDRESS* ─────────────────────────────

─────────────────────────────

TÉL • *PHONE* ─────────────────────────────

FAX • ─────────────────────────────

NOM • *NAME* _____

ADRESSE • *ADDRESS* _____

_____

TÉL • *PHONE* _____

FAX • _____

NOM • *NAME* _____

ADRESSE • *ADDRESS* _____

_____

TÉL • *PHONE* _____

FAX • _____

NOM • *NAME* _____

ADRESSE • *ADDRESS* _____

_____

TÉL • *PHONE* _____

FAX • _____

NOM • *NAME* _____

ADRESSE • *ADDRESS* _____

_____

TÉL • *PHONE* _____

FAX • _____

NOM • *NAME* _____

ADRESSE • *ADDRESS* _____

_____

TÉL • *PHONE* _____

FAX • _____

NOM • *NAME* _____

ADRESSE • *ADDRESS* _____

_____

TÉL • *PHONE* _____

FAX • _____

NOM • *NAME* _____

ADRESSE • *ADDRESS* _____

_____

TÉL • *PHONE* _____

FAX • _____

NOM • *NAME* _____

ADRESSE • *ADDRESS* _____

_____

TÉL • *PHONE* _____

FAX • _____

NOM • *NAME* _____

ADRESSE • *ADDRESS* _____

_____

TÉL • *PHONE* _____

FAX • _____

NOM • *NAME* _____

ADRESSE • *ADDRESS* _____

_____

TÉL • *PHONE* _____

FAX • _____

NOM • *NAME* _____

ADRESSE • *ADDRESS* _____

_____

TÉL • *PHONE* _____

FAX • _____

NOM • *NAME* _____

ADRESSE • *ADDRESS* _____

_____

TÉL • *PHONE* _____

FAX • _____

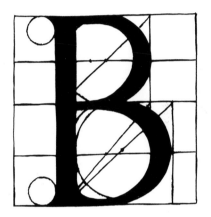

NOM • *NAME* _____

ADRESSE • *ADDRESS* _____

_____

TÉL • *PHONE* _____

FAX • _____

NOM • *NAME* _____

ADRESSE • *ADDRESS* _____

_____

TÉL • *PHONE* _____

FAX • _____

NOM • *NAME* _____

ADRESSE • *ADDRESS* _____

_____

TÉL • *PHONE* _____

FAX • _____

NOM • *NAME* _____

ADRESSE • *ADDRESS* _____

_____

TÉL • *PHONE* _____

FAX • _____

NOM • *NAME* _____

ADRESSE • *ADDRESS* _____

_____

TÉL • *PHONE* _____

FAX • _____

NOM • *NAME* _____

ADRESSE • *ADDRESS* _____

_____

TÉL • *PHONE* _____

FAX • _____

NOM • *NAME* _____

ADRESSE • *ADDRESS* _____

_____

TÉL • *PHONE* _____

FAX • _____

NOM • *NAME* _____

ADRESSE • *ADDRESS* _____

_____

TÉL • *PHONE* _____

FAX • _____

NOM • *NAME* _____

ADRESSE • *ADDRESS* _____

_____

TÉL • *PHONE* _____

FAX • _____

NOM • *NAME* _____

ADRESSE • *ADDRESS* _____

_____

TÉL • *PHONE* _____

FAX • _____

NOM • *NAME* _____

ADRESSE • *ADDRESS* _____

_____

TÉL • *PHONE* _____

FAX • _____

NOM • *NAME* _____

ADRESSE • *ADDRESS* _____

_____

TÉL • *PHONE* _____

FAX • _____

NOM • *NAME* _____

ADRESSE • *ADDRESS* _____

_____

TÉL • *PHONE* _____

FAX • _____

NOM • *NAME* _____

ADRESSE • *ADDRESS* _____

_____

TÉL • *PHONE* _____

FAX • _____

NOM • *NAME* _____

ADRESSE • *ADDRESS* _____

_____

TÉL • *PHONE* _____

FAX • _____

NOM • *NAME* _____

ADRESSE • *ADDRESS* _____

_____

TÉL • *PHONE* _____

FAX • _____

NOM • *NAME* _____

ADRESSE • *ADDRESS* _____

_____

TÉL • *PHONE* _____

FAX • _____

NOM • *NAME* _____

ADRESSE • *ADDRESS* _____

_____

TÉL • *PHONE* _____

FAX • _____

NOM • *NAME* _____

ADRESSE • *ADDRESS* _____

_____

TÉL • *PHONE* _____

FAX • _____

NOM • *NAME* _____

ADRESSE • *ADDRESS* _____

_____

TÉL • *PHONE* _____

FAX • _____

NOM • *NAME* _____

ADRESSE • *ADDRESS* _____

_____

TÉL • *PHONE* _____

FAX • _____

NOM • *NAME* _____

ADRESSE • *ADDRESS* _____

_____

TÉL • *PHONE* _____

FAX • _____

NOM • *NAME* _____

ADRESSE • *ADDRESS* _____

_____

TÉL • *PHONE* _____

FAX • _____

NOM • *NAME* _____

ADRESSE • *ADDRESS* _____

_____

TÉL • *PHONE* _____

FAX • _____

NOM • *NAME* _____

ADRESSE • *ADDRESS* _____

_____

TÉL • *PHONE* _____

FAX • _____

NOM • *NAME* _____

ADRESSE • *ADDRESS* _____

_____

TÉL • *PHONE* _____

FAX • _____

NOM • *NAME* _____

ADRESSE • *ADDRESS* _____

_____

TÉL • *PHONE* _____

FAX • _____

NOM • *NAME* _____

ADRESSE • *ADDRESS* _____

_____

TÉL • *PHONE* _____

FAX • _____

NOM • *NAME* _____

ADRESSE • *ADDRESS* _____

_____

TÉL • *PHONE* _____

FAX • _____

NOM • *NAME* _____

ADRESSE • *ADDRESS* _____

_____

TÉL • *PHONE* _____

FAX • _____

NOM • *NAME* _____

ADRESSE • *ADDRESS* _____

_____

TÉL • *PHONE* _____

FAX • _____

NOM • *NAME* _____

ADRESSE • *ADDRESS* _____

_____

TÉL • *PHONE* _____

FAX • _____

NOM • *NAME* _____

ADRESSE • *ADDRESS* _____

_____

TÉL • *PHONE* _____

FAX • _____

NOM • *NAME* _____

ADRESSE • *ADDRESS* _____

_____

TÉL • *PHONE* _____

FAX • _____

NOM • *NAME* _____

ADRESSE • *ADDRESS* _____

_____

TÉL • *PHONE* _____

FAX • _____

NOM • *NAME* _____

ADRESSE • *ADDRESS* _____

_____

TÉL • *PHONE* _____

FAX • _____

NOM • *NAME* _____

ADRESSE • *ADDRESS* _____

_____

TÉL • *PHONE* _____

FAX • _____

NOM • *NAME* _____

ADRESSE • *ADDRESS* _____

_____

TÉL • *PHONE* _____

FAX • _____

NOM • *NAME* _____

ADRESSE • *ADDRESS* _____

_____

TÉL • *PHONE* _____

FAX • _____

NOM • *NAME* _____

ADRESSE • *ADDRESS* _____

_____

TÉL • *PHONE* _____

FAX • _____

NOM • *NAME* _____

ADRESSE • *ADDRESS* _____

_____

TÉL • *PHONE* _____

FAX • _____

NOM • *NAME* _____

ADRESSE • *ADDRESS* _____

_____

TÉL • *PHONE* _____

FAX • _____

NOM • *NAME*

ADRESSE • *ADDRESS*

TÉL • *PHONE*

FAX •

NOM • *NAME*

ADRESSE • *ADDRESS*

TÉL • *PHONE*

FAX •

NOM • *NAME*

ADRESSE • *ADDRESS*

TÉL • *PHONE*

FAX •

NOM • *NAME*

ADRESSE • *ADDRESS*

TÉL • *PHONE*

FAX •

NOM • *NAME*

ADRESSE • *ADDRESS*

TÉL • *PHONE*

FAX •

NOM • *NAME*

ADRESSE • *ADDRESS*

TÉL • *PHONE*

FAX •

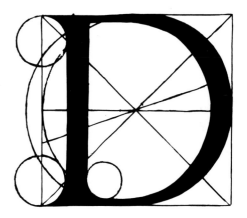

NOM • *NAME* _____

ADRESSE • *ADDRESS* _____

_____

TÉL • *PHONE* _____

FAX • _____

NOM • *NAME* _____

ADRESSE • *ADDRESS* _____

_____

TÉL • *PHONE* _____

FAX • _____

NOM • *NAME* _____

ADRESSE • *ADDRESS* _____

_____

TÉL • *PHONE* _____

FAX • _____

NOM • *NAME* _____

ADRESSE • *ADDRESS* _____

_____

TÉL • *PHONE* _____

FAX • _____

NOM • *NAME* _____

ADRESSE • *ADDRESS* _____

_____

TÉL • *PHONE* _____

FAX • _____

NOM • *NAME* _____

ADRESSE • *ADDRESS* _____

_____

TÉL • *PHONE* _____

FAX • _____

NOM • *NAME* _____

ADRESSE • *ADDRESS* _____

_____

TÉL • *PHONE* _____

FAX • _____

NOM • *NAME* _____

ADRESSE • *ADDRESS* _____

_____

TÉL • *PHONE* _____

FAX • _____

NOM • *NAME* _____

ADRESSE • *ADDRESS* _____

_____

TÉL • *PHONE* _____

FAX • _____

NOM • *NAME* _____

ADRESSE • *ADDRESS* _____

_____

TÉL • *PHONE* _____

FAX • _____

NOM • *NAME* _____

ADRESSE • *ADDRESS* _____

_____

TÉL • *PHONE* _____

FAX • _____

NOM • *NAME* _____

ADRESSE • *ADDRESS* _____

_____

TÉL • *PHONE* _____

FAX • _____

NOM • *NAME* _____

ADRESSE • *ADDRESS* _____

_____

TÉL • *PHONE* _____

FAX • _____

NOM • *NAME* _____

ADRESSE • *ADDRESS* _____

_____

TÉL • *PHONE* _____

FAX • _____

NOM • *NAME* _____

ADRESSE • *ADDRESS* _____

_____

TÉL • *PHONE* _____

FAX • _____

NOM • *NAME* _____

ADRESSE • *ADDRESS* _____

_____

TÉL • *PHONE* _____

FAX • _____

NOM • *NAME* _____

ADRESSE • *ADDRESS* _____

_____

TÉL • *PHONE* _____

FAX • _____

NOM • *NAME* _____

ADRESSE • *ADDRESS* _____

_____

TÉL • *PHONE* _____

FAX • _____

NOM • *NAME* _____

ADRESSE • *ADDRESS* _____
_____

TÉL • *PHONE* _____

FAX • _____

NOM • *NAME* _____

ADRESSE • *ADDRESS* _____
_____

TÉL • *PHONE* _____

FAX • _____

NOM • *NAME* _____

ADRESSE • *ADDRESS* _____
_____

TÉL • *PHONE* _____

FAX • _____

NOM • *NAME* _____

ADRESSE • *ADDRESS* _____
_____

TÉL • *PHONE* _____

FAX • _____

NOM • *NAME* _____

ADRESSE • *ADDRESS* _____
_____

TÉL • *PHONE* _____

FAX • _____

NOM • *NAME* _____

ADRESSE • *ADDRESS* _____
_____

TÉL • *PHONE* _____

FAX • _____

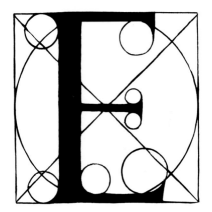

NOM • *NAME*

ADRESSE • *ADDRESS*

TÉL • *PHONE*

FAX •

NOM • *NAME*

ADRESSE • *ADDRESS*

TÉL • *PHONE*

FAX •

NOM • *NAME*

ADRESSE • *ADDRESS*

TÉL • *PHONE*

FAX •

NOM • *NAME*

ADRESSE • *ADDRESS*

TÉL • *PHONE*

FAX •

NOM • *NAME*

ADRESSE • *ADDRESS*

TÉL • *PHONE*

FAX •

NOM • *NAME*

ADRESSE • *ADDRESS*

TÉL • *PHONE*

FAX •

NOM • *NAME*

ADRESSE • *ADDRESS*

TÉL • *PHONE*

FAX •

NOM • *NAME*

ADRESSE • *ADDRESS*

TÉL • *PHONE*

FAX •

NOM • *NAME*

ADRESSE • *ADDRESS*

TÉL • *PHONE*

FAX •

NOM • *NAME*

ADRESSE • *ADDRESS*

TÉL • *PHONE*

FAX •

NOM • *NAME*

ADRESSE • *ADDRESS*

TÉL • *PHONE*

FAX •

NOM • *NAME*

ADRESSE • *ADDRESS*

TÉL • *PHONE*

FAX •

NOM • *NAME* _____

ADRESSE • *ADDRESS* _____

_____

TÉL • *PHONE* _____

FAX • _____

NOM • *NAME* _____

ADRESSE • *ADDRESS* _____

_____

TÉL • *PHONE* _____

FAX • _____

NOM • *NAME* _____

ADRESSE • *ADDRESS* _____

_____

TÉL • *PHONE* _____

FAX • _____

NOM • *NAME* _____

ADRESSE • *ADDRESS* _____

_____

TÉL • *PHONE* _____

FAX • _____

NOM • *NAME* _____

ADRESSE • *ADDRESS* _____

_____

TÉL • *PHONE* _____

FAX • _____

NOM • *NAME* _____

ADRESSE • *ADDRESS* _____

_____

TÉL • *PHONE* _____

FAX • _____

NOM • *NAME* _____

ADRESSE • *ADDRESS* _____

_____

TÉL • *PHONE* _____

FAX • _____

NOM • *NAME* _____

ADRESSE • *ADDRESS* _____

_____

TÉL • *PHONE* _____

FAX • _____

NOM • *NAME* _____

ADRESSE • *ADDRESS* _____

_____

TÉL • *PHONE* _____

FAX • _____

NOM • *NAME* _____

ADRESSE • *ADDRESS* _____

_____

TÉL • *PHONE* _____

FAX • _____

NOM • *NAME* _____

ADRESSE • *ADDRESS* _____

_____

TÉL • *PHONE* _____

FAX • _____

NOM • *NAME* _____

ADRESSE • *ADDRESS* _____

_____

TÉL • *PHONE* _____

FAX • _____

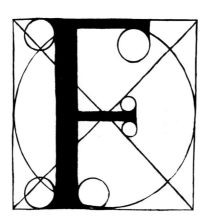

NOM • *NAME* _____

ADRESSE • *ADDRESS* _____

_____

TÉL • *PHONE* _____

FAX • _____

NOM • *NAME* _____

ADRESSE • *ADDRESS* _____

_____

TÉL • *PHONE* _____

FAX • _____

NOM • *NAME* _____

ADRESSE • *ADDRESS* _____

_____

TÉL • *PHONE* _____

FAX • _____

NOM • *NAME* _____

ADRESSE • *ADDRESS* _____

_____

TÉL • *PHONE* _____

FAX • _____

NOM • *NAME* _____

ADRESSE • *ADDRESS* _____

_____

TÉL • *PHONE* _____

FAX • _____

NOM • *NAME* _____

ADRESSE • *ADDRESS* _____

_____

TÉL • *PHONE* _____

FAX • _____

NOM • *NAME* _____

ADRESSE • *ADDRESS* _____

_____

TÉL • *PHONE* _____

FAX • _____

NOM • *NAME* _____

ADRESSE • *ADDRESS* _____

_____

TÉL • *PHONE* _____

FAX • _____

NOM • *NAME* _____

ADRESSE • *ADDRESS* _____

_____

TÉL • *PHONE* _____

FAX • _____

NOM • *NAME* _____

ADRESSE • *ADDRESS* _____

_____

TÉL • *PHONE* _____

FAX • _____

NOM • *NAME* _____

ADRESSE • *ADDRESS* _____

_____

TÉL • *PHONE* _____

FAX • _____

NOM • *NAME* _____

ADRESSE • *ADDRESS* _____

_____

TÉL • *PHONE* _____

FAX • _____

NOM • *NAME*

ADRESSE • *ADDRESS*

TÉL • *PHONE*

FAX •

NOM • *NAME*

ADRESSE • *ADDRESS*

TÉL • *PHONE*

FAX •

NOM • *NAME*

ADRESSE • *ADDRESS*

TÉL • *PHONE*

FAX •

NOM • *NAME*

ADRESSE • *ADDRESS*

TÉL • *PHONE*

FAX •

NOM • *NAME*

ADRESSE • *ADDRESS*

TÉL • *PHONE*

FAX •

NOM • *NAME*

ADRESSE • *ADDRESS*

TÉL • *PHONE*

FAX •

NOM • *NAME* _____

ADRESSE • *ADDRESS* _____

_____

TÉL • *PHONE* _____

FAX • _____

NOM • *NAME* _____

ADRESSE • *ADDRESS* _____

_____

TÉL • *PHONE* _____

FAX • _____

NOM • *NAME* _____

ADRESSE • *ADDRESS* _____

_____

TÉL • *PHONE* _____

FAX • _____

NOM • *NAME* _____

ADRESSE • *ADDRESS* _____

_____

TÉL • *PHONE* _____

FAX • _____

NOM • *NAME* _____

ADRESSE • *ADDRESS* _____

_____

TÉL • *PHONE* _____

FAX • _____

NOM • *NAME* _____

ADRESSE • *ADDRESS* _____

_____

TÉL • *PHONE* _____

FAX • _____

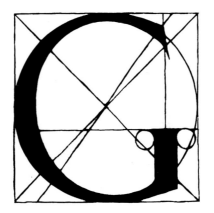

NOM • *NAME* _____

ADRESSE • *ADDRESS* _____

_____

TÉL • *PHONE* _____

FAX • _____

NOM • *NAME* _____

ADRESSE • *ADDRESS* _____

_____

TÉL • *PHONE* _____

FAX • _____

NOM • *NAME* _____

ADRESSE • *ADDRESS* _____

_____

TÉL • *PHONE* _____

FAX • _____

NOM • *NAME* _____

ADRESSE • *ADDRESS* _____

_____

TÉL • *PHONE* _____

FAX • _____

NOM • *NAME* _____

ADRESSE • *ADDRESS* _____

_____

TÉL • *PHONE* _____

FAX • _____

NOM • *NAME* _____

ADRESSE • *ADDRESS* _____

_____

TÉL • *PHONE* _____

FAX • _____

NOM • *NAME* _____

ADRESSE • *ADDRESS* _____

_____

TÉL • *PHONE* _____

FAX • _____

NOM • *NAME* _____

ADRESSE • *ADDRESS* _____

_____

TÉL • *PHONE* _____

FAX • _____

NOM • *NAME* _____

ADRESSE • *ADDRESS* _____

_____

TÉL • *PHONE* _____

FAX • _____

NOM • *NAME* _____

ADRESSE • *ADDRESS* _____

_____

TÉL • *PHONE* _____

FAX • _____

NOM • *NAME* _____

ADRESSE • *ADDRESS* _____

_____

TÉL • *PHONE* _____

FAX • _____

NOM • *NAME* _____

ADRESSE • *ADDRESS* _____

_____

TÉL • *PHONE* _____

FAX • _____

NOM • *NAME* _____

ADRESSE • *ADDRESS* _____

_____

TÉL • *PHONE* _____

FAX • _____

NOM • *NAME* _____

ADRESSE • *ADDRESS* _____

_____

TÉL • *PHONE* _____

FAX • _____

NOM • *NAME* _____

ADRESSE • *ADDRESS* _____

_____

TÉL • *PHONE* _____

FAX • _____

NOM • *NAME* _____

ADRESSE • *ADDRESS* _____

_____

TÉL • *PHONE* _____

FAX • _____

NOM • *NAME* _____

ADRESSE • *ADDRESS* _____

_____

TÉL • *PHONE* _____

FAX • _____

NOM • *NAME* _____

ADRESSE • *ADDRESS* _____

_____

TÉL • *PHONE* _____

FAX • _____

NOM • *NAME* ———————————————

ADRESSE • *ADDRESS* ———————————————

———————————————

TÉL • *PHONE* ———————————————

FAX • ———————————————

NOM • *NAME* ———————————————

ADRESSE • *ADDRESS* ———————————————

———————————————

TÉL • *PHONE* ———————————————

FAX • ———————————————

NOM • *NAME* ———————————————

ADRESSE • *ADDRESS* ———————————————

———————————————

TÉL • *PHONE* ———————————————

FAX • ———————————————

NOM • *NAME* ———————————————

ADRESSE • *ADDRESS* ———————————————

———————————————

TÉL • *PHONE* ———————————————

FAX • ———————————————

NOM • *NAME* ———————————————

ADRESSE • *ADDRESS* ———————————————

———————————————

TÉL • *PHONE* ———————————————

FAX • ———————————————

NOM • *NAME* ———————————————

ADRESSE • *ADDRESS* ———————————————

———————————————

TÉL • *PHONE* ———————————————

FAX • ———————————————

H

NOM • *NAME* _____

ADRESSE • *ADDRESS* _____

_____

TÉL • *PHONE* _____

FAX • _____

NOM • *NAME* _____

ADRESSE • *ADDRESS* _____

_____

TÉL • *PHONE* _____

FAX • _____

NOM • *NAME* _____

ADRESSE • *ADDRESS* _____

_____

TÉL • *PHONE* _____

FAX • _____

NOM • *NAME* _____

ADRESSE • *ADDRESS* _____

_____

TÉL • *PHONE* _____

FAX • _____

NOM • *NAME* _____

ADRESSE • *ADDRESS* _____

_____

TÉL • *PHONE* _____

FAX • _____

NOM • *NAME* _____

ADRESSE • *ADDRESS* _____

_____

TÉL • *PHONE* _____

FAX • _____

NOM • *NAME* —————————————————————

ADRESSE • *ADDRESS* ——————————————————

————————————————————————

TÉL • *PHONE* ————————————————————

FAX • ——————————————————————

NOM • *NAME* —————————————————————

ADRESSE • *ADDRESS* ——————————————————

————————————————————————

TÉL • *PHONE* ————————————————————

FAX • ——————————————————————

NOM • *NAME* —————————————————————

ADRESSE • *ADDRESS* ——————————————————

————————————————————————

TÉL • *PHONE* ————————————————————

FAX • ——————————————————————

NOM • *NAME* —————————————————————

ADRESSE • *ADDRESS* ——————————————————

————————————————————————

TÉL • *PHONE* ————————————————————

FAX • ——————————————————————

NOM • *NAME* —————————————————————

ADRESSE • *ADDRESS* ——————————————————

————————————————————————

TÉL • *PHONE* ————————————————————

FAX • ——————————————————————

NOM • *NAME* —————————————————————

ADRESSE • *ADDRESS* ——————————————————

————————————————————————

TÉL • *PHONE* ————————————————————

FAX • ——————————————————————

NOM • *NAME* _____

ADRESSE • *ADDRESS* _____

_____

TÉL • *PHONE* _____

FAX • _____

NOM • *NAME* _____

ADRESSE • *ADDRESS* _____

_____

TÉL • *PHONE* _____

FAX • _____

NOM • *NAME* _____

ADRESSE • *ADDRESS* _____

_____

TÉL • *PHONE* _____

FAX • _____

NOM • *NAME* _____

ADRESSE • *ADDRESS* _____

_____

TÉL • *PHONE* _____

FAX • _____

NOM • *NAME* _____

ADRESSE • *ADDRESS* _____

_____

TÉL • *PHONE* _____

FAX • _____

NOM • *NAME* _____

ADRESSE • *ADDRESS* _____

_____

TÉL • *PHONE* _____

FAX • _____

NOM • *NAME* _____

ADRESSE • *ADDRESS* _____

_____

TÉL • *PHONE* _____

FAX • _____

NOM • *NAME* _____

ADRESSE • *ADDRESS* _____

_____

TÉL • *PHONE* _____

FAX • _____

NOM • *NAME* _____

ADRESSE • *ADDRESS* _____

_____

TÉL • *PHONE* _____

FAX • _____

NOM • *NAME* _____

ADRESSE • *ADDRESS* _____

_____

TÉL • *PHONE* _____

FAX • _____

NOM • *NAME* _____

ADRESSE • *ADDRESS* _____

_____

TÉL • *PHONE* _____

FAX • _____

NOM • *NAME* _____

ADRESSE • *ADDRESS* _____

_____

TÉL • *PHONE* _____

FAX • _____

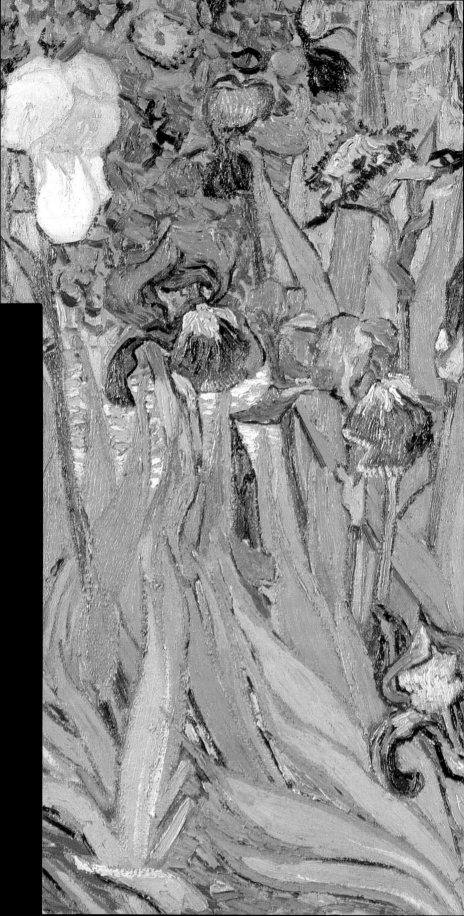

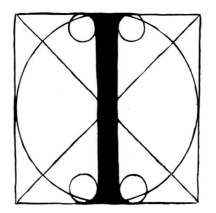

NOM • *NAME* _____

ADRESSE • *ADDRESS* _____

_____

TÉL • *PHONE* _____

FAX • _____

NOM • *NAME* _____

ADRESSE • *ADDRESS* _____

_____

TÉL • *PHONE* _____

FAX • _____

NOM • *NAME* _____

ADRESSE • *ADDRESS* _____

_____

TÉL • *PHONE* _____

FAX • _____

NOM • *NAME* _____

ADRESSE • *ADDRESS* _____

_____

TÉL • *PHONE* _____

FAX • _____

NOM • *NAME* _____

ADRESSE • *ADDRESS* _____

_____

TÉL • *PHONE* _____

FAX • _____

NOM • *NAME* _____

ADRESSE • *ADDRESS* _____

_____

TÉL • *PHONE* _____

FAX • _____

NOM • *NAME* _____

ADRESSE • *ADDRESS* _____

_____

TÉL • *PHONE* _____

FAX • _____

NOM • *NAME* _____

ADRESSE • *ADDRESS* _____

_____

TÉL • *PHONE* _____

FAX • _____

NOM • *NAME* _____

ADRESSE • *ADDRESS* _____

_____

TÉL • *PHONE* _____

FAX • _____

NOM • *NAME* _____

ADRESSE • *ADDRESS* _____

_____

TÉL • *PHONE* _____

FAX • _____

NOM • *NAME* _____

ADRESSE • *ADDRESS* _____

_____

TÉL • *PHONE* _____

FAX • _____

NOM • *NAME* _____

ADRESSE • *ADDRESS* _____

_____

TÉL • *PHONE* _____

FAX • _____

NOM • *NAME* _____

ADRESSE • *ADDRESS* _____

_____

TÉL • *PHONE* _____

FAX • _____

NOM • *NAME* _____

ADRESSE • *ADDRESS* _____

_____

TÉL • *PHONE* _____

FAX • _____

NOM • *NAME* _____

ADRESSE • *ADDRESS* _____

_____

TÉL • *PHONE* _____

FAX • _____

NOM • *NAME* _____

ADRESSE • *ADDRESS* _____

_____

TÉL • *PHONE* _____

FAX • _____

NOM • *NAME* _____

ADRESSE • *ADDRESS* _____

_____

TÉL • *PHONE* _____

FAX • _____

NOM • *NAME* _____

ADRESSE • *ADDRESS* _____

_____

TÉL • *PHONE* _____

FAX • _____

NOM • *NAME* —————————————————————

ADRESSE • *ADDRESS* —————————————————

———————————————————————————————————

TÉL • *PHONE* —————————————————————

FAX • —————————————————————————————

NOM • *NAME* —————————————————————

ADRESSE • *ADDRESS* —————————————————

———————————————————————————————————

TÉL • *PHONE* —————————————————————

FAX • —————————————————————————————

NOM • *NAME* —————————————————————

ADRESSE • *ADDRESS* —————————————————

———————————————————————————————————

TÉL • *PHONE* —————————————————————

FAX • —————————————————————————————

NOM • *NAME* —————————————————————

ADRESSE • *ADDRESS* —————————————————

———————————————————————————————————

TÉL • *PHONE* —————————————————————

FAX • —————————————————————————————

NOM • *NAME* —————————————————————

ADRESSE • *ADDRESS* —————————————————

———————————————————————————————————

TÉL • *PHONE* —————————————————————

FAX • —————————————————————————————

NOM • *NAME* —————————————————————

ADRESSE • *ADDRESS* —————————————————

———————————————————————————————————

TÉL • *PHONE* —————————————————————

FAX • —————————————————————————————

J

NOM • *NAME* _____

ADRESSE • *ADDRESS* _____

_____

TÉL • *PHONE* _____

FAX • _____

NOM • *NAME* _____

ADRESSE • *ADDRESS* _____

_____

TÉL • *PHONE* _____

FAX • _____

NOM • *NAME* _____

ADRESSE • *ADDRESS* _____

_____

TÉL • *PHONE* _____

FAX • _____

NOM • *NAME* _____

ADRESSE • *ADDRESS* _____

_____

TÉL • *PHONE* _____

FAX • _____

NOM • *NAME* _____

ADRESSE • *ADDRESS* _____

_____

TÉL • *PHONE* _____

FAX • _____

NOM • *NAME* _____

ADRESSE • *ADDRESS* _____

_____

TÉL • *PHONE* _____

FAX • _____

NOM • *NAME* _____

ADRESSE • *ADDRESS* _____
_____

TÉL • *PHONE* _____

FAX • _____

NOM • *NAME* _____

ADRESSE • *ADDRESS* _____
_____

TÉL • *PHONE* _____

FAX • _____

NOM • *NAME* _____

ADRESSE • *ADDRESS* _____
_____

TÉL • *PHONE* _____

FAX • _____

NOM • *NAME* _____

ADRESSE • *ADDRESS* _____
_____

TÉL • *PHONE* _____

FAX • _____

NOM • *NAME* _____

ADRESSE • *ADDRESS* _____
_____

TÉL • *PHONE* _____

FAX • _____

NOM • *NAME* _____

ADRESSE • *ADDRESS* _____
_____

TÉL • *PHONE* _____

FAX • _____

NOM • *NAME* _____

ADRESSE • *ADDRESS* _____

_____

TÉL • *PHONE* _____

FAX • _____

NOM • *NAME* _____

ADRESSE • *ADDRESS* _____

_____

TÉL • *PHONE* _____

FAX • _____

NOM • *NAME* _____

ADRESSE • *ADDRESS* _____

_____

TÉL • *PHONE* _____

FAX • _____

NOM • *NAME* _____

ADRESSE • *ADDRESS* _____

_____

TÉL • *PHONE* _____

FAX • _____

NOM • *NAME* _____

ADRESSE • *ADDRESS* _____

_____

TÉL • *PHONE* _____

FAX • _____

NOM • *NAME* _____

ADRESSE • *ADDRESS* _____

_____

TÉL • *PHONE* _____

FAX • _____

NOM • *NAME* _____

ADRESSE • *ADDRESS* _____

_____

TÉL • *PHONE* _____

FAX • _____

NOM • *NAME* _____

ADRESSE • *ADDRESS* _____

_____

TÉL • *PHONE* _____

FAX • _____

NOM • *NAME* _____

ADRESSE • *ADDRESS* _____

_____

TÉL • *PHONE* _____

FAX • _____

NOM • *NAME* _____

ADRESSE • *ADDRESS* _____

_____

TÉL • *PHONE* _____

FAX • _____

NOM • *NAME* _____

ADRESSE • *ADDRESS* _____

_____

TÉL • *PHONE* _____

FAX • _____

NOM • *NAME* _____

ADRESSE • *ADDRESS* _____

_____

TÉL • *PHONE* _____

FAX • _____

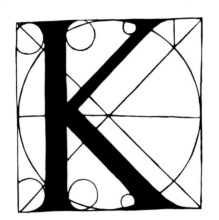

NOM • *NAME* _____

ADRESSE • *ADDRESS* _____

_____

TÉL • *PHONE* _____

FAX • _____

NOM • *NAME* _____

ADRESSE • *ADDRESS* _____

_____

TÉL • *PHONE* _____

FAX • _____

NOM • *NAME* _____

ADRESSE • *ADDRESS* _____

_____

TÉL • *PHONE* _____

FAX • _____

NOM • *NAME* _____

ADRESSE • *ADDRESS* _____

_____

TÉL • *PHONE* _____

FAX • _____

NOM • *NAME* _____

ADRESSE • *ADDRESS* _____

_____

TÉL • *PHONE* _____

FAX • _____

NOM • *NAME* _____

ADRESSE • *ADDRESS* _____

_____

TÉL • *PHONE* _____

FAX • _____

NOM • *NAME* _____

ADRESSE • *ADDRESS* _____

_____

TÉL • *PHONE* _____

FAX • _____

NOM • *NAME* _____

ADRESSE • *ADDRESS* _____

_____

TÉL • *PHONE* _____

FAX • _____

NOM • *NAME* _____

ADRESSE • *ADDRESS* _____

_____

TÉL • *PHONE* _____

FAX • _____

NOM • *NAME* _____

ADRESSE • *ADDRESS* _____

_____

TÉL • *PHONE* _____

FAX • _____

NOM • *NAME* _____

ADRESSE • *ADDRESS* _____

_____

TÉL • *PHONE* _____

FAX • _____

NOM • *NAME* _____

ADRESSE • *ADDRESS* _____

_____

TÉL • *PHONE* _____

FAX • _____

NOM • *NAME* _____

ADRESSE • *ADDRESS* _____

_____

TÉL • *PHONE* _____

FAX • _____

NOM • *NAME* _____

ADRESSE • *ADDRESS* _____

_____

TÉL • *PHONE* _____

FAX • _____

NOM • *NAME* _____

ADRESSE • *ADDRESS* _____

_____

TÉL • *PHONE* _____

FAX • _____

NOM • *NAME* _____

ADRESSE • *ADDRESS* _____

_____

TÉL • *PHONE* _____

FAX • _____

NOM • *NAME* _____

ADRESSE • *ADDRESS* _____

_____

TÉL • *PHONE* _____

FAX • _____

NOM • *NAME* _____

ADRESSE • *ADDRESS* _____

_____

TÉL • *PHONE* _____

FAX • _____

NOM • *NAME* _____

ADRESSE • *ADDRESS* _____

_____

TÉL • *PHONE* _____

FAX • _____

NOM • *NAME* _____

ADRESSE • *ADDRESS* _____

_____

TÉL • *PHONE* _____

FAX • _____

NOM • *NAME* _____

ADRESSE • *ADDRESS* _____

_____

TÉL • *PHONE* _____

FAX • _____

NOM • *NAME* _____

ADRESSE • *ADDRESS* _____

_____

TÉL • *PHONE* _____

FAX • _____

NOM • *NAME* _____

ADRESSE • *ADDRESS* _____

_____

TÉL • *PHONE* _____

FAX • _____

NOM • *NAME* _____

ADRESSE • *ADDRESS* _____

_____

TÉL • *PHONE* _____

FAX • _____

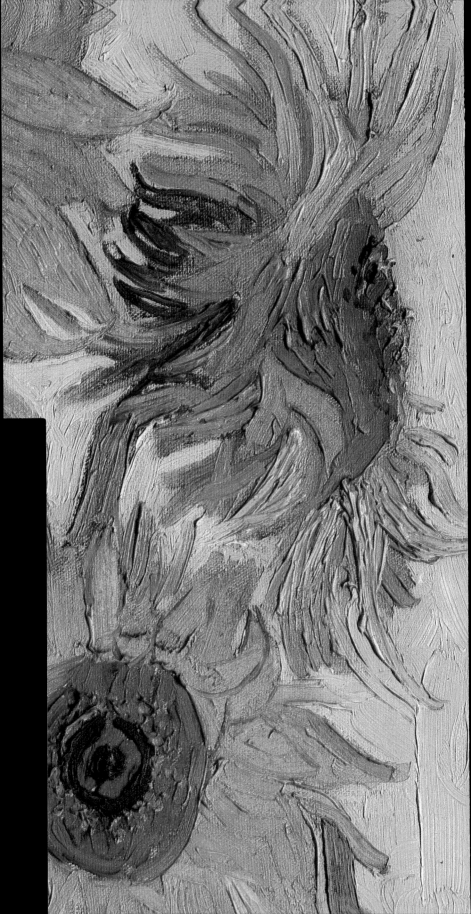

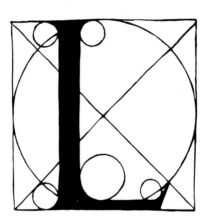

NOM • *NAME* _____

ADRESSE • *ADDRESS* _____

_____

TÉL • *PHONE* _____

FAX • _____

NOM • *NAME* _____

ADRESSE • *ADDRESS* _____

_____

TÉL • *PHONE* _____

FAX • _____

NOM • *NAME* _____

ADRESSE • *ADDRESS* _____

_____

TÉL • *PHONE* _____

FAX • _____

NOM • *NAME* _____

ADRESSE • *ADDRESS* _____

_____

TÉL • *PHONE* _____

FAX • _____

NOM • *NAME* _____

ADRESSE • *ADDRESS* _____

_____

TÉL • *PHONE* _____

FAX • _____

NOM • *NAME* _____

ADRESSE • *ADDRESS* _____

_____

TÉL • *PHONE* _____

FAX • _____

NOM • *NAME*

ADRESSE • *ADDRESS*

TÉL • *PHONE*

FAX •

NOM • *NAME*

ADRESSE • *ADDRESS*

TÉL • *PHONE*

FAX •

NOM • *NAME*

ADRESSE • *ADDRESS*

TÉL • *PHONE*

FAX •

NOM • *NAME*

ADRESSE • *ADDRESS*

TÉL • *PHONE*

FAX •

NOM • *NAME*

ADRESSE • *ADDRESS*

TÉL • *PHONE*

FAX •

NOM • *NAME*

ADRESSE • *ADDRESS*

TÉL • *PHONE*

FAX •

NOM • *NAME* _____

ADRESSE • *ADDRESS* _____

_____

TÉL • *PHONE* _____

FAX • _____

NOM • *NAME* _____

ADRESSE • *ADDRESS* _____

_____

TÉL • *PHONE* _____

FAX • _____

NOM • *NAME* _____

ADRESSE • *ADDRESS* _____

_____

TÉL • *PHONE* _____

FAX • _____

NOM • *NAME* _____

ADRESSE • *ADDRESS* _____

_____

TÉL • *PHONE* _____

FAX • _____

NOM • *NAME* _____

ADRESSE • *ADDRESS* _____

_____

TÉL • *PHONE* _____

FAX • _____

NOM • *NAME* _____

ADRESSE • *ADDRESS* _____

_____

TÉL • *PHONE* _____

FAX • _____

NOM • *NAME* _____

ADRESSE • *ADDRESS* _____

_____

TÉL • *PHONE* _____

FAX • _____

NOM • *NAME* _____

ADRESSE • *ADDRESS* _____

_____

TÉL • *PHONE* _____

FAX • _____

NOM • *NAME* _____

ADRESSE • *ADDRESS* _____

_____

TÉL • *PHONE* _____

FAX • _____

NOM • *NAME* _____

ADRESSE • *ADDRESS* _____

_____

TÉL • *PHONE* _____

FAX • _____

NOM • *NAME* _____

ADRESSE • *ADDRESS* _____

_____

TÉL • *PHONE* _____

FAX • _____

NOM • *NAME* _____

ADRESSE • *ADDRESS* _____

_____

TÉL • *PHONE* _____

FAX • _____

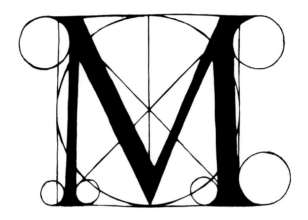

M

NOM • *NAME* _____

ADRESSE • *ADDRESS* _____

_____

TÉL • *PHONE* _____

FAX • _____

NOM • *NAME* _____

ADRESSE • *ADDRESS* _____

_____

TÉL • *PHONE* _____

FAX • _____

NOM • *NAME* _____

ADRESSE • *ADDRESS* _____

_____

TÉL • *PHONE* _____

FAX • _____

NOM • *NAME* _____

ADRESSE • *ADDRESS* _____

_____

TÉL • *PHONE* _____

FAX • _____

NOM • *NAME* _____

ADRESSE • *ADDRESS* _____

_____

TÉL • *PHONE* _____

FAX • _____

NOM • *NAME* _____

ADRESSE • *ADDRESS* _____

_____

TÉL • *PHONE* _____

FAX • _____

NOM • *NAME* _____

ADRESSE • *ADDRESS* _____

_____

TÉL • *PHONE* _____

FAX • _____

NOM • *NAME* _____

ADRESSE • *ADDRESS* _____

_____

TÉL • *PHONE* _____

FAX • _____

NOM • *NAME* _____

ADRESSE • *ADDRESS* _____

_____

TÉL • *PHONE* _____

FAX • _____

NOM • *NAME* _____

ADRESSE • *ADDRESS* _____

_____

TÉL • *PHONE* _____

FAX • _____

NOM • *NAME* _____

ADRESSE • *ADDRESS* _____

_____

TÉL • *PHONE* _____

FAX • _____

NOM • *NAME* _____

ADRESSE • *ADDRESS* _____

_____

TÉL • *PHONE* _____

FAX • _____

NOM • *NAME*

ADRESSE • *ADDRESS*

TÉL • *PHONE*

FAX •

NOM • *NAME*

ADRESSE • *ADDRESS*

TÉL • *PHONE*

FAX •

NOM • *NAME*

ADRESSE • *ADDRESS*

TÉL • *PHONE*

FAX •

NOM • *NAME*

ADRESSE • *ADDRESS*

TÉL • *PHONE*

FAX •

NOM • *NAME*

ADRESSE • *ADDRESS*

TÉL • *PHONE*

FAX •

NOM • *NAME*

ADRESSE • *ADDRESS*

TÉL • *PHONE*

FAX •

NOM • *NAME* _____

ADRESSE • *ADDRESS* _____

_____

TÉL • *PHONE* _____

FAX • _____

NOM • *NAME* _____

ADRESSE • *ADDRESS* _____

_____

TÉL • *PHONE* _____

FAX • _____

NOM • *NAME* _____

ADRESSE • *ADDRESS* _____

_____

TÉL • *PHONE* _____

FAX • _____

NOM • *NAME* _____

ADRESSE • *ADDRESS* _____

_____

TÉL • *PHONE* _____

FAX • _____

NOM • *NAME* _____

ADRESSE • *ADDRESS* _____

_____

TÉL • *PHONE* _____

FAX • _____

NOM • *NAME* _____

ADRESSE • *ADDRESS* _____

_____

TÉL • *PHONE* _____

FAX • _____

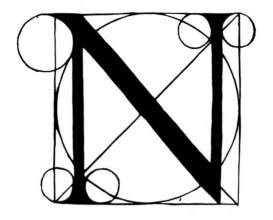

N

NOM • *NAME* _____

ADRESSE • *ADDRESS* _____

_____

TÉL • *PHONE* _____

FAX • _____

NOM • *NAME* _____

ADRESSE • *ADDRESS* _____

_____

TÉL • *PHONE* _____

FAX • _____

NOM • *NAME* _____

ADRESSE • *ADDRESS* _____

_____

TÉL • *PHONE* _____

FAX • _____

NOM • *NAME* _____

ADRESSE • *ADDRESS* _____

_____

TÉL • *PHONE* _____

FAX • _____

NOM • *NAME* _____

ADRESSE • *ADDRESS* _____

_____

TÉL • *PHONE* _____

FAX • _____

NOM • *NAME* _____

ADRESSE • *ADDRESS* _____

_____

TÉL • *PHONE* _____

FAX • _____

NOM • *NAME* _____

ADRESSE • *ADDRESS* _____

_____

TÉL • *PHONE* _____

FAX • _____

NOM • *NAME* _____

ADRESSE • *ADDRESS* _____

_____

TÉL • *PHONE* _____

FAX • _____

NOM • *NAME* _____

ADRESSE • *ADDRESS* _____

_____

TÉL • *PHONE* _____

FAX • _____

NOM • *NAME* _____

ADRESSE • *ADDRESS* _____

_____

TÉL • *PHONE* _____

FAX • _____

NOM • *NAME* _____

ADRESSE • *ADDRESS* _____

_____

TÉL • *PHONE* _____

FAX • _____

NOM • *NAME* _____

ADRESSE • *ADDRESS* _____

_____

TÉL • *PHONE* _____

FAX • _____

NOM • *NAME* _____

ADRESSE • *ADDRESS* _____

_____

TÉL • *PHONE* _____

FAX • _____

NOM • *NAME* _____

ADRESSE • *ADDRESS* _____

_____

TÉL • *PHONE* _____

FAX • _____

NOM • *NAME* _____

ADRESSE • *ADDRESS* _____

_____

TÉL • *PHONE* _____

FAX • _____

NOM • *NAME* _____

ADRESSE • *ADDRESS* _____

_____

TÉL • *PHONE* _____

FAX • _____

NOM • *NAME* _____

ADRESSE • *ADDRESS* _____

_____

TÉL • *PHONE* _____

FAX • _____

NOM • *NAME* _____

ADRESSE • *ADDRESS* _____

_____

TÉL • *PHONE* _____

FAX • _____

NOM • *NAME*

ADRESSE • *ADDRESS*

TÉL • *PHONE*

FAX •

NOM • *NAME*

ADRESSE • *ADDRESS*

TÉL • *PHONE*

FAX •

NOM • *NAME*

ADRESSE • *ADDRESS*

TÉL • *PHONE*

FAX •

NOM • *NAME*

ADRESSE • *ADDRESS*

TÉL • *PHONE*

FAX •

NOM • *NAME*

ADRESSE • *ADDRESS*

TÉL • *PHONE*

FAX •

NOM • *NAME*

ADRESSE • *ADDRESS*

TÉL • *PHONE*

FAX •

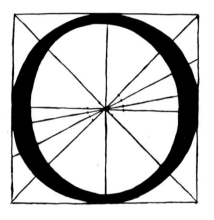

O

NOM • *NAME* _____

ADRESSE • *ADDRESS* _____

_____

TÉL • *PHONE* _____

FAX • _____

NOM • *NAME* _____

ADRESSE • *ADDRESS* _____

_____

TÉL • *PHONE* _____

FAX • _____

NOM • *NAME* _____

ADRESSE • *ADDRESS* _____

_____

TÉL • *PHONE* _____

FAX • _____

NOM • *NAME* _____

ADRESSE • *ADDRESS* _____

_____

TÉL • *PHONE* _____

FAX • _____

NOM • *NAME* _____

ADRESSE • *ADDRESS* _____

_____

TÉL • *PHONE* _____

FAX • _____

NOM • *NAME* _____

ADRESSE • *ADDRESS* _____

_____

TÉL • *PHONE* _____

FAX • _____

NOM • *NAME* —————————————————————

ADRESSE • *ADDRESS* ————————————————

————————————————————————————

TÉL • *PHONE* —————————————————————

FAX • —————————————————————————

NOM • *NAME* —————————————————————

ADRESSE • *ADDRESS* ————————————————

————————————————————————————

TÉL • *PHONE* —————————————————————

FAX • —————————————————————————

NOM • *NAME* —————————————————————

ADRESSE • *ADDRESS* ————————————————

————————————————————————————

TÉL • *PHONE* —————————————————————

FAX • —————————————————————————

NOM • *NAME* —————————————————————

ADRESSE • *ADDRESS* ————————————————

————————————————————————————

TÉL • *PHONE* —————————————————————

FAX • —————————————————————————

NOM • *NAME* —————————————————————

ADRESSE • *ADDRESS* ————————————————

————————————————————————————

TÉL • *PHONE* —————————————————————

FAX • —————————————————————————

NOM • *NAME* —————————————————————

ADRESSE • *ADDRESS* ————————————————

————————————————————————————

TÉL • *PHONE* —————————————————————

FAX • —————————————————————————

NOM • *NAME* _____

ADRESSE • *ADDRESS* _____

_____

TÉL • *PHONE* _____

FAX • _____

NOM • *NAME* _____

ADRESSE • *ADDRESS* _____

_____

TÉL • *PHONE* _____

FAX • _____

NOM • *NAME* _____

ADRESSE • *ADDRESS* _____

_____

TÉL • *PHONE* _____

FAX • _____

NOM • *NAME* _____

ADRESSE • *ADDRESS* _____

_____

TÉL • *PHONE* _____

FAX • _____

NOM • *NAME* _____

ADRESSE • *ADDRESS* _____

_____

TÉL • *PHONE* _____

FAX • _____

NOM • *NAME* _____

ADRESSE • *ADDRESS* _____

_____

TÉL • *PHONE* _____

FAX • _____

NOM • *NAME* _____

ADRESSE • *ADDRESS* _____

_____

TÉL • *PHONE* _____

FAX • _____

NOM • *NAME* _____

ADRESSE • *ADDRESS* _____

_____

TÉL • *PHONE* _____

FAX • _____

NOM • *NAME* _____

ADRESSE • *ADDRESS* _____

_____

TÉL • *PHONE* _____

FAX • _____

NOM • *NAME* _____

ADRESSE • *ADDRESS* _____

_____

TÉL • *PHONE* _____

FAX • _____

NOM • *NAME* _____

ADRESSE • *ADDRESS* _____

_____

TÉL • *PHONE* _____

FAX • _____

NOM • *NAME* _____

ADRESSE • *ADDRESS* _____

_____

TÉL • *PHONE* _____

FAX • _____

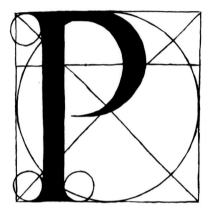

P

NOM • *NAME* _____

ADRESSE • *ADDRESS* _____

_____

TÉL • *PHONE* _____

FAX • _____

NOM • *NAME* _____

ADRESSE • *ADDRESS* _____

_____

TÉL • *PHONE* _____

FAX • _____

NOM • *NAME* _____

ADRESSE • *ADDRESS* _____

_____

TÉL • *PHONE* _____

FAX • _____

NOM • *NAME* _____

ADRESSE • *ADDRESS* _____

_____

TÉL • *PHONE* _____

FAX • _____

NOM • *NAME* _____

ADRESSE • *ADDRESS* _____

_____

TÉL • *PHONE* _____

FAX • _____

NOM • *NAME* _____

ADRESSE • *ADDRESS* _____

_____

TÉL • *PHONE* _____

FAX • _____

NOM • *NAME* _____

ADRESSE • *ADDRESS* _____

_____

TÉL • *PHONE* _____

FAX • _____

NOM • *NAME* _____

ADRESSE • *ADDRESS* _____

_____

TÉL • *PHONE* _____

FAX • _____

NOM • *NAME* _____

ADRESSE • *ADDRESS* _____

_____

TÉL • *PHONE* _____

FAX • _____

NOM • *NAME* _____

ADRESSE • *ADDRESS* _____

_____

TÉL • *PHONE* _____

FAX • _____

NOM • *NAME* _____

ADRESSE • *ADDRESS* _____

_____

TÉL • *PHONE* _____

FAX • _____

NOM • *NAME* _____

ADRESSE • *ADDRESS* _____

_____

TÉL • *PHONE* _____

FAX • _____

NOM • *NAME* _____

ADRESSE • *ADDRESS* _____

_____

TÉL • *PHONE* _____

FAX • _____

NOM • *NAME* _____

ADRESSE • *ADDRESS* _____

_____

TÉL • *PHONE* _____

FAX • _____

NOM • *NAME* _____

ADRESSE • *ADDRESS* _____

_____

TÉL • *PHONE* _____

FAX • _____

NOM • *NAME* _____

ADRESSE • *ADDRESS* _____

_____

TÉL • *PHONE* _____

FAX • _____

NOM • *NAME* _____

ADRESSE • *ADDRESS* _____

_____

TÉL • *PHONE* _____

FAX • _____

NOM • *NAME* _____

ADRESSE • *ADDRESS* _____

_____

TÉL • *PHONE* _____

FAX • _____

NOM • *NAME* _____

ADRESSE • *ADDRESS* _____

_____

TÉL • *PHONE* _____

FAX • _____

NOM • *NAME* _____

ADRESSE • *ADDRESS* _____

_____

TÉL • *PHONE* _____

FAX • _____

NOM • *NAME* _____

ADRESSE • *ADDRESS* _____

_____

TÉL • *PHONE* _____

FAX • _____

NOM • *NAME* _____

ADRESSE • *ADDRESS* _____

_____

TÉL • *PHONE* _____

FAX • _____

NOM • *NAME* _____

ADRESSE • *ADDRESS* _____

_____

TÉL • *PHONE* _____

FAX • _____

NOM • *NAME* _____

ADRESSE • *ADDRESS* _____

_____

TÉL • *PHONE* _____

FAX • _____

Q

NOM • *NAME* _____

ADRESSE • *ADDRESS* _____
_____

TÉL • *PHONE* _____

FAX • _____

NOM • *NAME* _____

ADRESSE • *ADDRESS* _____
_____

TÉL • *PHONE* _____

FAX • _____

NOM • *NAME* _____

ADRESSE • *ADDRESS* _____
_____

TÉL • *PHONE* _____

FAX • _____

NOM • *NAME* _____

ADRESSE • *ADDRESS* _____
_____

TÉL • *PHONE* _____

FAX • _____

NOM • *NAME* _____

ADRESSE • *ADDRESS* _____
_____

TÉL • *PHONE* _____

FAX • _____

NOM • *NAME* _____

ADRESSE • *ADDRESS* _____
_____

TÉL • *PHONE* _____

FAX • _____

NOM • *NAME* _____

ADRESSE • *ADDRESS* _____

_____

TÉL • *PHONE* _____

FAX • _____

NOM • *NAME* _____

ADRESSE • *ADDRESS* _____

_____

TÉL • *PHONE* _____

FAX • _____

NOM • *NAME* _____

ADRESSE • *ADDRESS* _____

_____

TÉL • *PHONE* _____

FAX • _____

NOM • *NAME* _____

ADRESSE • *ADDRESS* _____

_____

TÉL • *PHONE* _____

FAX • _____

NOM • *NAME* _____

ADRESSE • *ADDRESS* _____

_____

TÉL • *PHONE* _____

FAX • _____

NOM • *NAME* _____

ADRESSE • *ADDRESS* _____

_____

TÉL • *PHONE* _____

FAX • _____

NOM • *NAME* _____

ADRESSE • *ADDRESS* _____

_____

TÉL • *PHONE* _____

FAX • _____

NOM • *NAME* _____

ADRESSE • *ADDRESS* _____

_____

TÉL • *PHONE* _____

FAX • _____

NOM • *NAME* _____

ADRESSE • *ADDRESS* _____

_____

TÉL • *PHONE* _____

FAX • _____

NOM • *NAME* _____

ADRESSE • *ADDRESS* _____

_____

TÉL • *PHONE* _____

FAX • _____

NOM • *NAME* _____

ADRESSE • *ADDRESS* _____

_____

TÉL • *PHONE* _____

FAX • _____

NOM • *NAME* _____

ADRESSE • *ADDRESS* _____

_____

TÉL • *PHONE* _____

FAX • _____

NOM • *NAME* _____

ADRESSE • *ADDRESS* _____

_____

TÉL • *PHONE* _____

FAX • _____

NOM • *NAME* _____

ADRESSE • *ADDRESS* _____

_____

TÉL • *PHONE* _____

FAX • _____

NOM • *NAME* _____

ADRESSE • *ADDRESS* _____

_____

TÉL • *PHONE* _____

FAX • _____

NOM • *NAME* _____

ADRESSE • *ADDRESS* _____

_____

TÉL • *PHONE* _____

FAX • _____

NOM • *NAME* _____

ADRESSE • *ADDRESS* _____

_____

TÉL • *PHONE* _____

FAX • _____

NOM • *NAME* _____

ADRESSE • *ADDRESS* _____

_____

TÉL • *PHONE* _____

FAX • _____

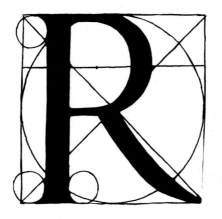

R

NOM • *NAME* _____

ADRESSE • *ADDRESS* _____

_____

TÉL • *PHONE* _____

FAX • _____

NOM • *NAME* _____

ADRESSE • *ADDRESS* _____

_____

TÉL • *PHONE* _____

FAX • _____

NOM • *NAME* _____

ADRESSE • *ADDRESS* _____

_____

TÉL • *PHONE* _____

FAX • _____

NOM • *NAME* _____

ADRESSE • *ADDRESS* _____

_____

TÉL • *PHONE* _____

FAX • _____

NOM • *NAME* _____

ADRESSE • *ADDRESS* _____

_____

TÉL • *PHONE* _____

FAX • _____

NOM • *NAME* _____

ADRESSE • *ADDRESS* _____

_____

TÉL • *PHONE* _____

FAX • _____

NOM • *NAME* _____

ADRESSE • *ADDRESS* _____

_____

TÉL • *PHONE* _____

FAX • _____

NOM • *NAME* _____

ADRESSE • *ADDRESS* _____

_____

TÉL • *PHONE* _____

FAX • _____

NOM • *NAME* _____

ADRESSE • *ADDRESS* _____

_____

TÉL • *PHONE* _____

FAX • _____

NOM • *NAME* _____

ADRESSE • *ADDRESS* _____

_____

TÉL • *PHONE* _____

FAX • _____

NOM • *NAME* _____

ADRESSE • *ADDRESS* _____

_____

TÉL • *PHONE* _____

FAX • _____

NOM • *NAME* _____

ADRESSE • *ADDRESS* _____

_____

TÉL • *PHONE* _____

FAX • _____

NOM • *NAME* _____

ADRESSE • *ADDRESS* _____

_____

TÉL • *PHONE* _____

FAX • _____

NOM • *NAME* _____

ADRESSE • *ADDRESS* _____

_____

TÉL • *PHONE* _____

FAX • _____

NOM • *NAME* _____

ADRESSE • *ADDRESS* _____

_____

TÉL • *PHONE* _____

FAX • _____

NOM • *NAME* _____

ADRESSE • *ADDRESS* _____

_____

TÉL • *PHONE* _____

FAX • _____

NOM • *NAME* _____

ADRESSE • *ADDRESS* _____

_____

TÉL • *PHONE* _____

FAX • _____

NOM • *NAME* _____

ADRESSE • *ADDRESS* _____

_____

TÉL • *PHONE* _____

FAX • _____

NOM • *NAME* _____

ADRESSE • *ADDRESS* _____

_____

TÉL • *PHONE* _____

FAX • _____

NOM • *NAME* _____

ADRESSE • *ADDRESS* _____

_____

TÉL • *PHONE* _____

FAX • _____

NOM • *NAME* _____

ADRESSE • *ADDRESS* _____

_____

TÉL • *PHONE* _____

FAX • _____

NOM • *NAME* _____

ADRESSE • *ADDRESS* _____

_____

TÉL • *PHONE* _____

FAX • _____

NOM • *NAME* _____

ADRESSE • *ADDRESS* _____

_____

TÉL • *PHONE* _____

FAX • _____

NOM • *NAME* _____

ADRESSE • *ADDRESS* _____

_____

TÉL • *PHONE* _____

FAX • _____

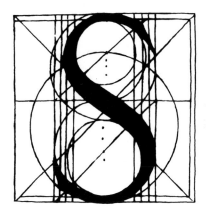

S

NOM • *NAME* _____

ADRESSE • *ADDRESS* _____

_____

TÉL • *PHONE* _____

FAX • _____

NOM • *NAME* _____

ADRESSE • *ADDRESS* _____

_____

TÉL • *PHONE* _____

FAX • _____

NOM • *NAME* _____

ADRESSE • *ADDRESS* _____

_____

TÉL • *PHONE* _____

FAX • _____

NOM • *NAME* _____

ADRESSE • *ADDRESS* _____

_____

TÉL • *PHONE* _____

FAX • _____

NOM • *NAME* _____

ADRESSE • *ADDRESS* _____

_____

TÉL • *PHONE* _____

FAX • _____

NOM • *NAME* _____

ADRESSE • *ADDRESS* _____

_____

TÉL • *PHONE* _____

FAX • _____

NOM • *NAME* _____

ADRESSE • *ADDRESS* _____

_____

TÉL • *PHONE* _____

FAX • _____

NOM • *NAME* _____

ADRESSE • *ADDRESS* _____

_____

TÉL • *PHONE* _____

FAX • _____

NOM • *NAME* _____

ADRESSE • *ADDRESS* _____

_____

TÉL • *PHONE* _____

FAX • _____

NOM • *NAME* _____

ADRESSE • *ADDRESS* _____

_____

TÉL • *PHONE* _____

FAX • _____

NOM • *NAME* _____

ADRESSE • *ADDRESS* _____

_____

TÉL • *PHONE* _____

FAX • _____

NOM • *NAME* _____

ADRESSE • *ADDRESS* _____

_____

TÉL • *PHONE* _____

FAX • _____

NOM • *NAME* _____

ADRESSE • *ADDRESS* _____

_____

TÉL • *PHONE* _____

FAX • _____

NOM • *NAME* _____

ADRESSE • *ADDRESS* _____

_____

TÉL • *PHONE* _____

FAX • _____

NOM • *NAME* _____

ADRESSE • *ADDRESS* _____

_____

TÉL • *PHONE* _____

FAX • _____

NOM • *NAME* _____

ADRESSE • *ADDRESS* _____

_____

TÉL • *PHONE* _____

FAX • _____

NOM • *NAME* _____

ADRESSE • *ADDRESS* _____

_____

TÉL • *PHONE* _____

FAX • _____

NOM • *NAME* _____

ADRESSE • *ADDRESS* _____

_____

TÉL • *PHONE* _____

FAX • _____

NOM • *NAME* ————————————————————————

ADRESSE • *ADDRESS* ————————————————————

————————————————————————————————————

TÉL • *PHONE* ————————————————————————

FAX • ———————————————————————————————

NOM • *NAME* ————————————————————————

ADRESSE • *ADDRESS* ————————————————————

————————————————————————————————————

TÉL • *PHONE* ————————————————————————

FAX • ———————————————————————————————

NOM • *NAME* ————————————————————————

ADRESSE • *ADDRESS* ————————————————————

————————————————————————————————————

TÉL • *PHONE* ————————————————————————

FAX • ———————————————————————————————

NOM • *NAME* ————————————————————————

ADRESSE • *ADDRESS* ————————————————————

————————————————————————————————————

TÉL • *PHONE* ————————————————————————

FAX • ———————————————————————————————

NOM • *NAME* ————————————————————————

ADRESSE • *ADDRESS* ————————————————————

————————————————————————————————————

TÉL • *PHONE* ————————————————————————

FAX • ———————————————————————————————

NOM • *NAME* ————————————————————————

ADRESSE • *ADDRESS* ————————————————————

————————————————————————————————————

TÉL • *PHONE* ————————————————————————

FAX • ———————————————————————————————

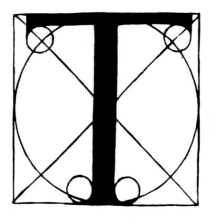

T

NOM • *NAME* _____

ADRESSE • *ADDRESS* _____

_____

TÉL • *PHONE* _____

FAX • _____

NOM • *NAME* _____

ADRESSE • *ADDRESS* _____

_____

TÉL • *PHONE* _____

FAX • _____

NOM • *NAME* _____

ADRESSE • *ADDRESS* _____

_____

TÉL • *PHONE* _____

FAX • _____

NOM • *NAME* _____

ADRESSE • *ADDRESS* _____

_____

TÉL • *PHONE* _____

FAX • _____

NOM • *NAME* _____

ADRESSE • *ADDRESS* _____

_____

TÉL • *PHONE* _____

FAX • _____

NOM • *NAME* _____

ADRESSE • *ADDRESS* _____

_____

TÉL • *PHONE* _____

FAX • _____

NOM • *NAME*

ADRESSE • *ADDRESS*

TÉL • *PHONE*

FAX •

NOM • *NAME*

ADRESSE • *ADDRESS*

TÉL • *PHONE*

FAX •

NOM • *NAME*

ADRESSE • *ADDRESS*

TÉL • *PHONE*

FAX •

NOM • *NAME*

ADRESSE • *ADDRESS*

TÉL • *PHONE*

FAX •

NOM • *NAME*

ADRESSE • *ADDRESS*

TÉL • *PHONE*

FAX •

NOM • *NAME*

ADRESSE • *ADDRESS*

TÉL • *PHONE*

FAX •

NOM • *NAME* _____

ADRESSE • *ADDRESS* _____

_____

TÉL • *PHONE* _____

FAX • _____

NOM • *NAME* _____

ADRESSE • *ADDRESS* _____

_____

TÉL • *PHONE* _____

FAX • _____

NOM • *NAME* _____

ADRESSE • *ADDRESS* _____

_____

TÉL • *PHONE* _____

FAX • _____

NOM • *NAME* _____

ADRESSE • *ADDRESS* _____

_____

TÉL • *PHONE* _____

FAX • _____

NOM • *NAME* _____

ADRESSE • *ADDRESS* _____

_____

TÉL • *PHONE* _____

FAX • _____

NOM • *NAME* _____

ADRESSE • *ADDRESS* _____

_____

TÉL • *PHONE* _____

FAX • _____

NOM • *NAME* _____

ADRESSE • *ADDRESS* _____

_____

TÉL • *PHONE* _____

FAX • _____

NOM • *NAME* _____

ADRESSE • *ADDRESS* _____

_____

TÉL • *PHONE* _____

FAX • _____

NOM • *NAME* _____

ADRESSE • *ADDRESS* _____

_____

TÉL • *PHONE* _____

FAX • _____

NOM • *NAME* _____

ADRESSE • *ADDRESS* _____

_____

TÉL • *PHONE* _____

FAX • _____

NOM • *NAME* _____

ADRESSE • *ADDRESS* _____

_____

TÉL • *PHONE* _____

FAX • _____

NOM • *NAME* _____

ADRESSE • *ADDRESS* _____

_____

TÉL • *PHONE* _____

FAX • _____

U

NOM • *NAME*

ADRESSE • *ADDRESS*

TÉL • *PHONE*

FAX •

NOM • *NAME*

ADRESSE • *ADDRESS*

TÉL • *PHONE*

FAX •

NOM • *NAME*

ADRESSE • *ADDRESS*

TÉL • *PHONE*

FAX •

NOM • *NAME*

ADRESSE • *ADDRESS*

TÉL • *PHONE*

FAX •

NOM • *NAME*

ADRESSE • *ADDRESS*

TÉL • *PHONE*

FAX •

NOM • *NAME*

ADRESSE • *ADDRESS*

TÉL • *PHONE*

FAX •

NOM • *NAME* _____

ADRESSE • *ADDRESS* _____
_____

TÉL • *PHONE* _____

FAX • _____

NOM • *NAME* _____

ADRESSE • *ADDRESS* _____
_____

TÉL • *PHONE* _____

FAX • _____

NOM • *NAME* _____

ADRESSE • *ADDRESS* _____
_____

TÉL • *PHONE* _____

FAX • _____

NOM • *NAME* _____

ADRESSE • *ADDRESS* _____
_____

TÉL • *PHONE* _____

FAX • _____

NOM • *NAME* _____

ADRESSE • *ADDRESS* _____
_____

TÉL • *PHONE* _____

FAX • _____

NOM • *NAME* _____

ADRESSE • *ADDRESS* _____
_____

TÉL • *PHONE* _____

FAX • _____

NOM • *NAME* _____

ADRESSE • *ADDRESS* _____

_____

TÉL • *PHONE* _____

FAX • _____

NOM • *NAME* _____

ADRESSE • *ADDRESS* _____

_____

TÉL • *PHONE* _____

FAX • _____

NOM • *NAME* _____

ADRESSE • *ADDRESS* _____

_____

TÉL • *PHONE* _____

FAX • _____

NOM • *NAME* _____

ADRESSE • *ADDRESS* _____

_____

TÉL • *PHONE* _____

FAX • _____

NOM • *NAME* _____

ADRESSE • *ADDRESS* _____

_____

TÉL • *PHONE* _____

FAX • _____

NOM • *NAME* _____

ADRESSE • *ADDRESS* _____

_____

TÉL • *PHONE* _____

FAX • _____

NOM • *NAME* _____

ADRESSE • *ADDRESS* _____

_____

TÉL • *PHONE* _____

FAX • _____

NOM • *NAME* _____

ADRESSE • *ADDRESS* _____

_____

TÉL • *PHONE* _____

FAX • _____

NOM • *NAME* _____

ADRESSE • *ADDRESS* _____

_____

TÉL • *PHONE* _____

FAX • _____

NOM • *NAME* _____

ADRESSE • *ADDRESS* _____

_____

TÉL • *PHONE* _____

FAX • _____

NOM • *NAME* _____

ADRESSE • *ADDRESS* _____

_____

TÉL • *PHONE* _____

FAX • _____

NOM • *NAME* _____

ADRESSE • *ADDRESS* _____

_____

TÉL • *PHONE* _____

FAX • _____

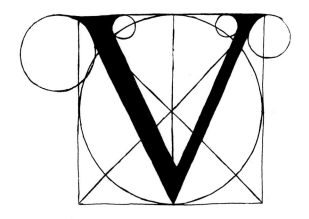

V

NOM • *NAME* _____

ADRESSE • *ADDRESS* _____

_____

TÉL • *PHONE* _____

FAX • _____

NOM • *NAME* _____

ADRESSE • *ADDRESS* _____

_____

TÉL • *PHONE* _____

FAX • _____

NOM • *NAME* _____

ADRESSE • *ADDRESS* _____

_____

TÉL • *PHONE* _____

FAX • _____

NOM • *NAME* _____

ADRESSE • *ADDRESS* _____

_____

TÉL • *PHONE* _____

FAX • _____

NOM • *NAME* _____

ADRESSE • *ADDRESS* _____

_____

TÉL • *PHONE* _____

FAX • _____

NOM • *NAME* _____

ADRESSE • *ADDRESS* _____

_____

TÉL • *PHONE* _____

FAX • _____

NOM • *NAME* _____

ADRESSE • *ADDRESS* _____

_____

TÉL • *PHONE* _____

FAX • _____

NOM • *NAME* _____

ADRESSE • *ADDRESS* _____

_____

TÉL • *PHONE* _____

FAX • _____

NOM • *NAME* _____

ADRESSE • *ADDRESS* _____

_____

TÉL • *PHONE* _____

FAX • _____

NOM • *NAME* _____

ADRESSE • *ADDRESS* _____

_____

TÉL • *PHONE* _____

FAX • _____

NOM • *NAME* _____

ADRESSE • *ADDRESS* _____

_____

TÉL • *PHONE* _____

FAX • _____

NOM • *NAME* _____

ADRESSE • *ADDRESS* _____

_____

TÉL • *PHONE* _____

FAX • _____

NOM • *NAME* _____

ADRESSE • *ADDRESS* _____

_____

TÉL • *PHONE* _____

FAX • _____

NOM • *NAME* _____

ADRESSE • *ADDRESS* _____

_____

TÉL • *PHONE* _____

FAX • _____

NOM • *NAME* _____

ADRESSE • *ADDRESS* _____

_____

TÉL • *PHONE* _____

FAX • _____

NOM • *NAME* _____

ADRESSE • *ADDRESS* _____

_____

TÉL • *PHONE* _____

FAX • _____

NOM • *NAME* _____

ADRESSE • *ADDRESS* _____

_____

TÉL • *PHONE* _____

FAX • _____

NOM • *NAME* _____

ADRESSE • *ADDRESS* _____

_____

TÉL • *PHONE* _____

FAX • _____

NOM • *NAME* _____

ADRESSE • *ADDRESS* _____

_____

TÉL • *PHONE* _____

FAX • _____

NOM • *NAME* _____

ADRESSE • *ADDRESS* _____

_____

TÉL • *PHONE* _____

FAX • _____

NOM • *NAME* _____

ADRESSE • *ADDRESS* _____

_____

TÉL • *PHONE* _____

FAX • _____

NOM • *NAME* _____

ADRESSE • *ADDRESS* _____

_____

TÉL • *PHONE* _____

FAX • _____

NOM • *NAME* _____

ADRESSE • *ADDRESS* _____

_____

TÉL • *PHONE* _____

FAX • _____

NOM • *NAME* _____

ADRESSE • *ADDRESS* _____

_____

TÉL • *PHONE* _____

FAX • _____

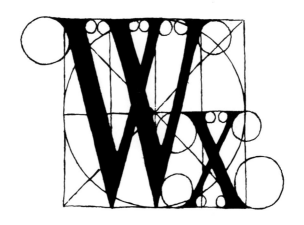

Wx

NOM • *NAME* _____

ADRESSE • *ADDRESS* _____

_____

TÉL • *PHONE* _____

FAX • _____

NOM • *NAME* _____

ADRESSE • *ADDRESS* _____

_____

TÉL • *PHONE* _____

FAX • _____

NOM • *NAME* _____

ADRESSE • *ADDRESS* _____

_____

TÉL • *PHONE* _____

FAX • _____

NOM • *NAME* _____

ADRESSE • *ADDRESS* _____

_____

TÉL • *PHONE* _____

FAX • _____

NOM • *NAME* _____

ADRESSE • *ADDRESS* _____

_____

TÉL • *PHONE* _____

FAX • _____

NOM • *NAME* _____

ADRESSE • *ADDRESS* _____

_____

TÉL • *PHONE* _____

FAX • _____

NOM • *NAME* _____

ADRESSE • *ADDRESS* _____

_____

TÉL • *PHONE* _____

FAX • _____

NOM • *NAME* _____

ADRESSE • *ADDRESS* _____

_____

TÉL • *PHONE* _____

FAX • _____

NOM • *NAME* _____

ADRESSE • *ADDRESS* _____

_____

TÉL • *PHONE* _____

FAX • _____

NOM • *NAME* _____

ADRESSE • *ADDRESS* _____

_____

TÉL • *PHONE* _____

FAX • _____

NOM • *NAME* _____

ADRESSE • *ADDRESS* _____

_____

TÉL • *PHONE* _____

FAX • _____

NOM • *NAME* _____

ADRESSE • *ADDRESS* _____

_____

TÉL • *PHONE* _____

FAX • _____

NOM • *NAME* _____

ADRESSE • *ADDRESS* _____

_____

TÉL • *PHONE* _____

FAX • _____

NOM • *NAME* _____

ADRESSE • *ADDRESS* _____

_____

TÉL • *PHONE* _____

FAX • _____

NOM • *NAME* _____

ADRESSE • *ADDRESS* _____

_____

TÉL • *PHONE* _____

FAX • _____

NOM • *NAME* _____

ADRESSE • *ADDRESS* _____

_____

TÉL • *PHONE* _____

FAX • _____

NOM • *NAME* _____

ADRESSE • *ADDRESS* _____

_____

TÉL • *PHONE* _____

FAX • _____

NOM • *NAME* _____

ADRESSE • *ADDRESS* _____

_____

TÉL • *PHONE* _____

FAX • _____

NOM • *NAME* _____

ADRESSE • *ADDRESS* _____

_____

TÉL • *PHONE* _____

FAX • _____

NOM • *NAME* _____

ADRESSE • *ADDRESS* _____

_____

TÉL • *PHONE* _____

FAX • _____

NOM • *NAME* _____

ADRESSE • *ADDRESS* _____

_____

TÉL • *PHONE* _____

FAX • _____

NOM • *NAME* _____

ADRESSE • *ADDRESS* _____

_____

TÉL • *PHONE* _____

FAX • _____

NOM • *NAME* _____

ADRESSE • *ADDRESS* _____

_____

TÉL • *PHONE* _____

FAX • _____

NOM • *NAME* _____

ADRESSE • *ADDRESS* _____

_____

TÉL • *PHONE* _____

FAX • _____

Yz

NOM • *NAME* _____

ADRESSE • *ADDRESS* _____
_____

TÉL • *PHONE* _____

FAX • _____

NOM • *NAME* _____

ADRESSE • *ADDRESS* _____
_____

TÉL • *PHONE* _____

FAX • _____

NOM • *NAME* _____

ADRESSE • *ADDRESS* _____
_____

TÉL • *PHONE* _____

FAX • _____

NOM • *NAME* _____

ADRESSE • *ADDRESS* _____
_____

TÉL • *PHONE* _____

FAX • _____

NOM • *NAME* _____

ADRESSE • *ADDRESS* _____
_____

TÉL • *PHONE* _____

FAX • _____

NOM • *NAME* _____

ADRESSE • *ADDRESS* _____
_____

TÉL • *PHONE* _____

FAX • _____

NOM • *NAME* _____

ADRESSE • *ADDRESS* _____

_____

TÉL • *PHONE* _____

FAX • _____

NOM • *NAME* _____

ADRESSE • *ADDRESS* _____

_____

TÉL • *PHONE* _____

FAX • _____

NOM • *NAME* _____

ADRESSE • *ADDRESS* _____

_____

TÉL • *PHONE* _____

FAX • _____

NOM • *NAME* _____

ADRESSE • *ADDRESS* _____

_____

TÉL • *PHONE* _____

FAX • _____

NOM • *NAME* _____

ADRESSE • *ADDRESS* _____

_____

TÉL • *PHONE* _____

FAX • _____

NOM • *NAME* _____

ADRESSE • *ADDRESS* _____

_____

TÉL • *PHONE* _____

FAX • _____

Le Semeur, 1888
The Sower
Rijksmuseum Kröller-Müller, Otterlo

Mas blancs aux Saintes-Maries, 1888
White Houses in Saintes-Maries
Kunsthaus, Zurich

La Chambre de Van Gogh, 1889
Van Gogh's Bedroom
Musée d'Orsay, Paris

Café-terrasse de la place du Forum, 1888
Cafe-Terrace at Night
Rijksmuseum Kröller-Müller, Otterlo

Meules de blé près d'une ferme,1888
Haystacks Near a Farm
Rijksmuseum Kröller-Müller, Otterlo

La Nuit étoilée, 1888
Starry Night
Musée d'Orsay, Paris

Vue d'Arles aux arbres en fleurs, 1889
View of Arles with Blossoming Trees
Collection Adam

L'Eglise d'Auvers, 1890
The Church at Auvers
Musée d'Orsay, Paris

Iris, 1889
Irises
Collection particulière

Bateaux de pêche sur la plage des
Saintes-Maries-de-la-Mer, 1888
Fishing Boats on the Beach
Rijksmuseum Vincent Van Gogh
Amsterdsam

Champ de fleurs en Hollande, 1883
Field of Flowers in Holland
Collection Paul Mellon

Nature morte aux tournesols, 1888
Still Life with Sunflowers
Neue Pinakotech, Munich

La Moisson, 1888
Harvest Landscape
Rijksmuseum Vincent Van Gogh
Amsterdam

Le Pont de Langlois, 1888
The Langlois Drawbridge
Rijksmuseum Kröller-Müller, Otterlo

Les Cyprès, 1889
Cypresses
Metropolitan Museum of Art,
New York

Roses et Anémones, 1890
Roses and Anemones
Musée d'Orsay, Paris

Meules de blé près d'une ferme, 1888
Haystacks Near a Farm
Rijksmuseum Kröller-Müller, Otterlo

Nature morte aux iris, 1890
Still Life with Irises
Rijksmuseum Vincent Van Gogh
Amsterdam

Champ de blé aux cyprès, 1889
Wheat Field with Cypresses
Národni Galerie, Prague

Maisons à Auvers, 1890
Houses at Auvers
The Museum of Fine Art, Boston

Fritillaires dans un vase de cuivre, 1887
Fritillarias in a Copper Vase
Musée d'Orsay, Paris

La Moisson, 1888
Harvest Landscape
Rijksmuseum Vincent Van Gogh
Amsterdam

Les Premiers pas, 1890
The First Steps
Metropolitan Museum of Art, New York

Autoportrait, 1889
Self-Portrait
Musée d'Orsay, Paris

© Editions Hazan, 1992
Conception et réalisation Anne Anquetil
Manufactured in China

ISBN 2 85025 273 5

Document de couverture:
Les Iris, 1889 (détail)
Irises, 1889